交通运输前沿课

半小时读懂
新质生产力

交通运输部科学研究院　组织编写

人民交通出版社

北京

内 容 提 要

发展新质生产力是推动交通运输高质量发展的内在要求和重要着力点。本书聚焦交通运输行业关切话题，从认识新质生产力、科技创新推动新质生产力、产业创新推动新质生产力、体制机制创新推动新质生产力和人才工作机制创新推动新质生产力五个维度，以问答形式，严谨而生动地阐释了新质生产力的科学内涵，是交通运输行业有关新质生产力的最新研究成果。

本书可供交通运输行业从业人员学习使用，也可作为相关专业院校师生参考用书。

图书在版编目（CIP）数据

半小时读懂新质生产力 / 交通运输部科学研究院组织编写 . — 北京：人民交通出版社股份有限公司，2024.8. — （交通运输前沿课）. — ISBN 978-7-114-19669-0

Ⅰ. F120.2；F512.3

中国国家版本馆 CIP 数据核字第 20249D6G18 号

Banxiaoshi Dudong Xinzhi Shengchanli

书　　名：	半小时读懂新质生产力
著 作 者：	交通运输部科学研究院
责任编辑：	王　丹
责任校对：	孙国靖　宋佳时
责任印制：	刘高彤
出版发行：	人民交通出版社
地　　址：	（100011）北京市朝阳区安定门外外馆斜街 3 号
网　　址：	http://www.ccpcl.com.cn
销售电话：	（010）59757973
总 经 销：	人民交通出版社发行部
经　　销：	各地新华书店
印　　刷：	北京市密东印刷有限公司
开　　本：	720×960　1/16
印　　张：	5
字　　数：	67 千
版　　次：	2024 年 8 月　第 1 版
印　　次：	2024 年 8 月　第 1 次印刷
书　　号：	ISBN 978-7-114-19669-0
定　　价：	45.00 元

（有印刷、装订质量问题的图书，由本社负责调换）

序言
FOREWORD

我有幸在此向您推荐这本由交通运输部科学研究院罗凯等专家精心编撰的《半小时读懂新质生产力》。自2023年9月习近平总书记在黑龙江考察调研时首次提出新质生产力这一概念以来，新质生产力迅速成为我国高质量发展战略的核心议题，不仅在学术界引起了广泛讨论，也成为了政策制定者、企业家共同关注的焦点。此书正是在这一背景下，为深入了解和把握新质生产力的科学内涵与实践路径而编纂的权威读物。

党的二十届三中全会提出"健全因地制宜发展新质生产力体制机制"。发展新质生产力是推动高质量发展的内在要求和重要着力点。发展新质生产力，要通过深化改革，加快形成同新质生产力更相适应的生产关系。

交通运输作为国民经济的动脉，其创新与发展对于推动新质生产力的形成至关重要。本书不仅系统阐述了新质生产力的基本概念，还深入分析了科技创新、产业创新、体制机制创新以及人才工作机制创新在交通运输领域的具体应用和实践策略。

本书通过问答的形式，从不同维度探讨了新质生产力的理论框架、实践案例以及面临的挑战和机遇。它不仅适合交通运输行

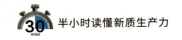

业的专业人士阅读，对于关心中国经济社会发展的各界人士也是一份宝贵的参考资料。

交通运输部科学研究院作为我国交通运输领域的重要智库，一直致力于推动交通运输科技创新和政策研究，深知科技创新在推动交通运输行业高质量发展中的关键作用。因此，我特别推荐这本书，它将帮助读者深刻理解新质生产力的精髓，激发创新思维，为我国交通运输事业的现代化建设贡献力量。我期待各位读者能从中汲取灵感，以实际行动响应国家号召，为新质生产力的形成和发展添砖加瓦，共同开创交通运输的美好未来。

愿本书成为您读懂新质生产力的良师益友，让我们携手并进，为建设交通强国、实现中华民族伟大复兴的中国梦而不懈奋斗！

全国政协委员、交通运输部科学研究院副院长兼总工程师

2024 年 7 月 15 日

前言 PREFACE

2023年9月，习近平总书记在黑龙江考察调研时首次提出新质生产力。此后，新质生产力被正式写入中央文件。在2024年1月31日中央政治局第十一次集体学习时，习近平总书记对其作出了系统全面阐释。这一原创性概念随即成为国内外高度关注的中国推进高质量发展的重要着力点。

习近平总书记关于新质生产力的重要论述是习近平经济思想的重要组成部分，是马克思主义基本原理同中国具体实际相结合、同中华优秀传统文化相结合的产物，是马克思主义中国化时代化的理论成果，是指导我国经济高质量发展、全面推进中国式现代化的重要指导思想。必须深刻理解和全面把握新质生产力的科学内涵、理论逻辑、实践要义，弄懂、学透、用活这一重要理论结晶。

交通运输是发展新质生产力的重要领域，是科技创新攻关和应用的重要场景，是整合科技创新资源的重要领域，是引领战略性新兴产业和未来产业的重要行业。交通运输行业将会在推动我国现代经济体系高质量发展中发挥重要的作用，且已具备发展新质生产力的良好条件和能力。

新质生产力具有重大理论和实践意义,对交通运输发展影响深远。但由于这一概念内涵丰富,思想深刻,具有高度的学理性和现实性,且提出时间不久,大家对其理解尚处于比较浅表的层次。为帮助广大交通运输领域读者深刻把握新质生产力的科学内涵,搞懂弄清"是什么""为什么""怎么办"等重要问题,动员大家以实际行动为新质生产力的形成和发展贡献力量,本书编写组成员经过充分酝酿讨论、广泛搜集文献资料,编写了本书。

本书采用问答形式,共分为五章。第1章"认识新质生产力",由罗凯编写;第2章探讨"科技创新推动新质生产力",由罗凯编写;第3章聚焦"产业创新推动新质生产力",由罗凯、杨雪英编写;第4章思考"体制机制创新推动新质生产力",由杨雪英编写;第5章描绘"人才工作机制创新推动新质生产力",由费文鹏编写。本书编写仓促,难免会有疏漏或不当之处,敬请广大读者批评指正。

编　者

2024年6月

目录 CONTENTS

第1章 认识新质生产力 ········· 01

- 01 新质生产力是什么？ ········· 02
- 02 如何提高全要素生产率？ ········· 04
- 03 为什么要加快形成新质生产力？ ········· 06
- 04 战略性新兴产业是什么？ ········· 08
- 05 未来产业是什么？ ········· 10
- 06 如何加快形成新质生产力？ ········· 12

第2章 科技创新推动新质生产力 ········· 15

- 07 交通运输科技创新如何推动新质生产力？ ········· 16
- 08 如何加强交通运输科技创新？ ········· 18
- 09 如何加强交通运输科技创新体系建设？ ········· 20

⑩ 如何强化企业在交通运输科技创新中的主体地位？ ……… 22

⑪ 交通运输科技创新要重点解决哪些关键技术问题？ ……… 24

第 3 章　产业创新推动新质生产力 ……………… 27

⑫ 新型交通运输产业包括哪些领域？ ………………… 28

⑬ 如何打造新型交通运输装备制造业？ ……………… 30

⑭ 如何抓住低空经济发展机遇？ ……………………… 32

⑮ 如何建设智慧运输服务体系？ ……………………… 34

⑯ 如何提升多式联运发展水平？ ……………………… 36

⑰ 交通基础设施如何数字化转型？ …………………… 38

⑱ 如何推动"数据要素 × 交通运输"落地？ ………… 40

⑲ 如何抓住交能融合发展新机遇？ …………………… 42

⑳ 如何加快推广新能源和清洁能源运输装备？ ……… 44

第 4 章　体制机制创新推动新质生产力 …………… 47

㉑ 如何推动绿色交通发展？ …………………………… 48

㉒ 如何推动智慧交通发展？ …………………………… 50

㉓ 如何建立适应新质生产力的交通运输行业现代化治理能力? ············ 52

㉔ 如何加强保护各类交通运输市场主体? ············ 54

㉕ 如何建立以信用为基础的新型监管机制? ············ 56

第 5 章　人才工作机制创新推动新质生产力 ············ 59

㉖ 发展新质生产力需要什么样的人才? ············ 60

㉗ 新质劳动者需要什么样的成长环境? ············ 62

㉘ 如何让新质劳动者勇于创新、乐于创新? ············ 64

㉙ 产学研合作育人应该怎么做? ············ 66

㉚ 如何促进交通国际化人才成长? ············ 68

参考文献 ············ 70

半小时读懂
新质生产力

第1章

认识新质生产力

新质生产力是创新起主导作用，摆脱传统经济增长方式、生产力发展路径，具有高科技、高效能、高质量特征，符合新发展理念的先进生产力质态。

超大型集装箱船"中远海运宇宙"轮具有完全自主知识产权。
图片来源：中国远洋海运集团有限公司

01 新质生产力是什么？

马克思主义认为，生产力是全部社会生活的物质前提，是推动社会进步的最活跃、最革命的因素，生产力标准是衡量社会发展的根本性的标准。习近平总书记创造性地提出了新质生产力，丰富了马克思主义生产力理论的内涵，具有深刻的理论意义。

新质生产力是创新起主导作用，摆脱传统经济增长方式、生产力发展路径，具有高科技、高效能、高质量特征，符合新发展理念的先进生产力质态。它由技术革命性突破、生产要素创新性配置、产业深度转型升级而催生，以劳动者、劳动资料、劳动对象及其优化组合的跃升为基本内涵，以全要素生产率大幅提升为核心标志，特点是创新，关键在质优，本质是先进生产力。[①]

新质生产力并非凭空产生，而是在传统生产力发展的基础上，通过科技创新及模式创新促进生产力水平不断提升而呈现的新质态。对于交通运输领域，培育新质生产力的本质就是培育交通发展新动能，通过由依靠传统要素驱动向更加注重创新驱动转变、由追求速度规模向更加注重质量效益转变，实现行业转型升级。

新质生产力的出现，不仅意味着生产力、社会经济层面的变迁，还意味着生产关系、社会制度层面的深刻变革。一方面，技术能够引发生产力变革，在于它对生产要素与劳动过程的改造，并构建起新的生产方式。另一方面，社会生产关系和社会制度也会反作用于生产力的发展。与生产力发展水平相适应的生产关系和社会制度，可以成为技术创新应用和社会生产力水平快速提升的加速器；反之，则可能成为新技术应用和生产力发展的桎梏。技术创新与社会制度变革之间会相互影响、相互作用，推动社会不断向前发展。

---

① 《习近平在中共中央政治局第十一次集体学习时强调：加快发展新质生产力 扎实推进高质量发展》，《人民日报》2024年2月2日第1版。

02 如何提高全要素生产率？

全要素生产率是一个衡量生产效率的经济学概念。全要素生产率的增长通常被视为技术进步、效率改善、制度创新等因素对经济增长的贡献。

全要素生产率反映了资源配置状况、生产手段的技术水平、生产对象的变化、生产的组织管理水平、劳动者对生产经营活动的积极性，以及经济制度与各种社会因素对生产活动的影响程度。提高全要素生产率的途径主要有两种：一是通过技术进步实现生产效率的提高，二是通过生产要素的重新组合实现资源配置效率的提高。

在交通运输行业中，提高全要素生产率可以理解为在交通基础设施、装备、人员等资源投入保持不变的情况下，通过各种方式提高交通运输效率和服务质量。例如：通过引入先进的路网管理系统、智能信号控制、自动驾驶技术等，提高路网使用效率，减少拥堵，提升运输速度；通过数据分析优化公交路线，提高车辆利用率，减少空驶和等待时间。这就像是用同样的食材做出更美味的菜肴，或者用同样的材料建造出更坚固的房子。

总之，提高全要素生产率在交通行业的核心要求是利用现有资源，通过技术革新、流程优化和管理提升，实现更高效、更安全、更环保的运输服务。

◀ 无人驾驶成为湖北省武汉市的新名片。

?
03 为什么要加快形成新质生产力?

发展新质生产力是我国顺应新技术革命和产业变革趋势的必然选择。从技术经济的视角看，新一轮科技和产业革命呈现出以下特点：一是跨领域技术深度交叉融合，技术创新呈现多点突破和群发性突破的态势，并不断开辟出新的巨大增长空间；二是技术应用创新迭代加速，催生一批具有重大影响力的新兴产业和先导产业，并快速渗透至传统产业领域，驱动社会生产力水平全面跃升；三是数据成为重要生产要素，已经并将继续重构人类社会的生产生活方式和社会治理结构，社会制度体系将出现深刻调整；四是科技革命与产业联系更加紧密，产业数字化、智能化和绿色化发展趋势已经确立，并加快重构现代产业体系。

发展新质生产力是我国构筑新竞争优势和赢得发展主动权的战略选择。放眼全球，世界正在经历剧变。

一是经济全球化出现逆流。世界经济发展较为低迷，发达经济体的增长速度将进一步放缓，低于过去50多年的平均增长速度。国际贸易和投资萎缩，贸易保护主义和单边主义兴起。全球产业体系和产业链、供应链体系加速重构，呈现多元化、区域化、绿色化、数字化加速发展态势。

二是全球范围内围绕科技制高点的争夺战日趋激烈，技术、数据、知识、人力资本等新型生产要素作用凸显，国家之间围绕关键技术、数据和产业的竞争更加激烈。

三是国际力量对比发生重大变化，并呈现"东升西降""新升老降"的趋势。传统国际分工体系发生根本性变化，新兴市场和发展中国家力量群体性崛起，日益成为研发和高端领域的重要参与者。

◀ 贵州省阳宝山特大桥填补了国内空中纺线法架设主缆的空白。

图片来源：贵州省交通宣传教育中心

? 04 战略性新兴产业是什么？

党的二十大报告提出，推动战略性新兴产业融合集群发展，构建新一代信息技术、人工智能、生物技术、新能源、新材料、高端装备、绿色环保等一批新的增长引擎。

战略性新兴产业是指那些以重大技术突破和重大发展需求为基础，对经济社会全局和长远发展具有引领带动作用的产业。这些产业通常具有知识技术密集、物质资源消耗少、成长潜力大、综合效益好的特点。它们代表着新一轮科技革命和产业变革的方向，是培育发展新动能、获取未来竞争新优势的关键领域。

战略性新兴产业就像一个班级里的"尖子生"，是未来经济发展中的"学霸"。举个例子，我们可以把战略性新兴产业比作智能手机。在智能手机出现之前，我们用的是功能手机，只有打电话、发短信等基本功能。智能手机的出现，改变了我们的通信方式，还带动了整个移动互联网的发展。社交网络、移动支付、在线视频等的发展都是因为智能手机这个"尖子生"的引领。

总之，战略性新兴产业就像是引领未来的"火车头"，能够带动整个社会经济的转型升级。

◀ 中国商飞 C919 是中国大飞机梦的第一步。

蛟龙号载人潜水器提升了中国在国际深海探索领域的地位。

05 未来产业是什么？

未来产业是指由前沿技术驱动，当前处于孕育萌发阶段或产业化初期，具有显著战略性、引领性、颠覆性和不确定性的前瞻性新兴产业。[①]

未来制造产业包括：发展智能制造、生物制造、纳米制造、激光制造、循环制造，突破智能控制、智能传感、模拟仿真等关键核心技术，推广柔性制造、共享制造等模式，推动工业互联网、工业元宇宙等发展。

未来信息产业包括：推动下一代移动通信、卫星互联网、量子信息等技术产业化应用，加快量子、光子等计算技术创新突破，加速类脑智能、群体智能、大模型等深度赋能，加速培育智能产业。

未来材料产业包括：推动有色金属、化工、无机非金属等先进基础材料升级，发展高性能碳纤维、先进半导体等关键战略材料，加快超导材料等前沿新材料的创新应用。

未来能源产业包括：聚焦核能、核聚变、氢能、生物质能等重点领域，打造"采集—存储—运输—应用"全链条的未来能源装备体系。研发新型晶硅太阳能电池、薄膜太阳能电池等高效太阳能电池及相关电子专用设备，加快发展新型储能，推动能源电子产业融合升级。

未来空间产业包括：聚焦空天、深海、深地等领域，研制载人航天、探月探火、卫星导航、临空无人系统和先进高效航空器等高端装备，加快深海潜水器、深海作业装备、深海搜救探测设备、深海智能无人平台等研制及创新应用，推动深地资源探采、城市地下空间开发利用、极地探测与作业等领域装备研制。

未来健康产业包括：加快细胞和基因技术、合成生物、生物育种等前沿技术产业化，推动 5G/6G、元宇宙、人工智能等技术赋能新型医疗服务，研发融合数字孪生、脑机交互等先进技术的高端医疗装备和健康用品。

---

① 《工业和信息化部等七部门关于推动未来产业创新发展的实施意见》（工信部联科〔2024〕12 号）。

移动式焊接机器人具有轻量化、自感知和自决策能力。
图片来源：中国远洋海运集团有限公司

06 如何加快形成新质生产力？

发展新质生产力是一项系统工程，需要在科技创新、产业创新、创新环境优化、区域协同与国际合作等多个层面协同发力，形成合力，从而为我国经济社会高质量发展注入持久动力。

习近平强调，"要围绕发展新质生产力布局产业链，提升产业链供应链韧性和安全水平，保证产业体系自主可控、安全可靠。要围绕推进新型工业化和加快建设制造强国、质量强国、网络强国、数字中国和农业强国等战略任务，科学布局科技创新、产业创新。要大力发展数字经济，促进数字经济和实体经济深度融合，打造具有国际竞争力的数字产业集群。"[①]

战略性新兴产业、未来产业成为培育和发展新质生产力的主阵地，也是抢占未来竞争制高点和构建国家竞争优势的新赛道。一是要密切关注前沿技术发展动态，以前瞻性技术创新应用培育发展战略性新兴产业和未来产业，用硬科技赋能现代产业体系，为新质生产力的持续发展蓄力。二是要面向通用人工智能、元宇宙、人形机器人、脑机接口等重点方向，发掘培育一批优质企业和相关研究机构，加速推进新技术、新产品落地应用。三是要坚持企业主体的创新地位，加快科技成果转化和产业技术创新，谋划和布局一大批高新技术产业落地，打造原始创新和产业创新高地，培育和发展新兴产业集群，以新兴产业发展引领新质生产力形成。四要持续优化创新生态，通过深化科技体制机制改革，进一步激发各类社会主体创新活力。

数字技术的快速发展与广泛应用为新质生产力的发展提供了核心动力和有力支撑，是推动新质生产力发展的重要驱动力。通过人工智能、大数据、云计算、物联网等新一代数字技术牵引，提升实体产业在研发设计、生产制造、服务流通等各环节的自动化、数字化和智能化水平，不断做大、做强、做优实体经济，推动新质生产力落地生根。

---

① 《习近平在中共中央政治局第十一次集体学习时强调：加快发展新质生产力　扎实推进高质量发展》，《人民日报》2024年2月2日第1版。

半小时读懂
新质生产力

第 2 章

科技创新推动新质生产力

新质生产力主要由技术革命性突破催生而成。科技创新能够催生新产业、新模式、新动能,是发展新质生产力的核心要素。

07 交通运输科技创新如何推动新质生产力?

科技创新通过对生产力三要素——劳动者、劳动资料、劳动对象的改造，增强劳动者认识自然和改造自然的能力，丰富劳动对象种类和形态，创造新的生产要素组合，拓展生产新边界，塑造发展新动能，从本质上推动新质生产力实现能级跃升。

交通运输科技创新能够促进劳动者全面发展，为加快形成新质生产力锻造一支知识型、技能型、创新型劳动者队伍。随着科技创新带来的劳动资料和劳动对象的升级、拓展，新型劳动者需要具备更多专业知识、掌握先进设备以适应新型生产模式。同时，交通运输科技创新催生新兴产业，进一步解放劳动者，消除或弱化自然条件对生产活动的限制，为劳动者提供更好的生产环境。

交通运输科技创新能够极大拓展劳动对象的范围和类别，为加快形成新质生产力开辟广阔空间。一方面，人工智能、大数据等新技术的出现极大丰富了劳动对象的种类和形态，拓展了生产新边界，为生产力发展提供新动力。另一方面，新工艺、新技术进一步提高了劳动对象的产品附加值和市场竞争力，加快实现产业转型升级。

交通运输科技创新能够催生劳动资料革新升级，为加快形成新质生产力注入澎湃动能。新技术、新材料、新工艺的广泛应用，孕育出一大批具有更高科技属性的新型劳动资料，推动生产效率、生产质量不断提高，生产过程向平台化、网络化、协作化转变。在数字化技术加持下，数字经济与实体经济深度融合，产业形态重塑升级，推动生产力不断进步。

◀ 无人配送车为物流业转型升级按下加速键。
图片来源：美团自动车配送部

系列化中国标准地铁列车研制及试验项目是国家重大技术装备攻关工程。
图片来源：中车南京浦镇车辆有限公司　李昌华

2
08 如何加强交通运输科技创新？

培育发展新质生产力，必须抓好交通运输科技创新这个源头活水，坚持科技引领、创新驱动，不断开辟发展新领域、新赛道，不断塑造发展新动能、新优势。立足当下，推进交通运输装备先进适用、完备可控，推动大数据、互联网、人工智能、区块链等新技术与交通行业深度融合，大力发展智慧交通和智慧物流，下好发展新质生产力先手棋，当好中国式现代化的开路先锋。

一是加强前沿技术和颠覆性技术趋势研判。密切关注科技前沿突破方向和最新趋势，强化对科技变革性、苗头性态势分析，研判可能形成新质生产力的重点技术和技术群。持续开展常态化技术预测，针对重点前沿领域和未来竞争热点开展动态监测，加强多元布局和并行推进。

二是强化交通强国科技力量，完善国家实验室运行管理机制，加快重组行业重点实验室。发挥科研机构、高水平研究型大学、科技领军企业优势，集成各方面创新资源，开展"大兵团"作战，加快产出一批重大原创性成果，为加快实现高水平科技自立自强、培育发展新质生产力提供强劲动能。

三是聚焦产业领域，加快研发攻关。从国家紧迫需求出发，举全行业之力打好关键核心技术攻坚战，在基础研究、技术研发、产业应用等方面进行系统部署，突破基本原理、基础软硬件、基础材料等方面的瓶颈制约，维护产业链、供应链安全稳定，强化科技创新对产业发展的支撑引领作用。

四是加快实施引领未来发展的重大科技项目。围绕新质生产力发展的重大需求，凝练部署一批能够引领未来发展方向的重大科技项目。发挥新型举国体制优势，推动建立适应新质生产力发展的新型科研组织模式和资源配置方式，大力发展目标导向的基础研究，突出前沿技术交叉融合，积极抢占未来产业发展制高点。

京秦高速监控指挥中心

2024/03/21 14:13

小璐监测到4起事件，当前异常停车 事件 1起，行人闯入 事件 1起，占用应急车道 事件 2起。可查看每个事件对应的处置预案详情。是否按预案进行处理？

河北高速公路集团有限公司联合百度发布智慧公路AI数字人"简璐璐"。

图片来源：百度智能云

09 如何加强交通运输科技创新体系建设？

"实施创新驱动发展战略是一个系统工程。科技成果只有同国家需要、人民要求、市场需求相结合,完成从科学研究、实验开发、推广应用的三级跳,才能真正实现创新价值、实现创新驱动发展。"[①]

从基础研究、应用研发到将新产品、新技术推向市场,技术创新活动周期长、风险大、难度高,面临着科技成果研发和转移转化等诸多难题。只有通过建立完善的交通运输科技创新体系,把企业、高校、科研院所等创新主体有机组合在一起,形成科技创新协同机制,才能实现科技资源的有效配置,不断提升创新效率和能力。

加强交通运输科技创新体系建设,必须深入把握科技创新规律,聚焦交通强国需求和人民群众实际需要,将分散的创新资源和创新要素组合起来,大力推动产学研用深度融合,提升技术创新体系的整体效能,进一步激发创新活力。

深入实施创新驱动发展战略,完善交通运输科技创新体系,就必须深化科技创新体制机制改革,破除一切制约科技创新的思想障碍和制度藩篱,处理好政府和市场的关系,推动科技和行业发展深度融合;必须坚持突出目标导向、问题导向,不断完善科技创新的顶层设计和整体谋划,加快转变政府科技管理职能,锚定目标、精准发力,抓重点、补短板、强弱项,充分激发各类创新主体活力动力,切实提升抓战略、抓改革、抓规划、抓服务、抓落实的能力,加快建立保障高水平科技自立自强的制度体系。

---

① 习近平:《在中国科学院第十七次院士大会、中国工程院第十二次院士大会上的讲话》,《人民日报》2014年6月10日第2版。

2
10
如何强化企业在交通运输科技创新中的主体地位?

党的二十大报告中指出,"加强企业主导的产学研深度融合,强化目标导向,提高科技成果转化和产业化水平。强化企业科技创新主体地位,发挥科技型骨干企业引领支撑作用,营造有利于科技型中小微企业成长的良好环境,推动创新链产业链资金链人才链深度融合。"

企业是最活跃的创新力量。强化企业在交通运输科技创新中的主体地位,关键在于实现创新体系协同高效、科技经济深度融合、创新生态优化完善,建设创新引领的现代化交通产业体系。

一是构建企业主导的产学研深度融合创新体系。深化科技体制改革,培育产学研深度融合的创新体系,解决好"由谁来创新""动力在哪里""成果如何用"等问题,促使创新主体充满活力、创新链条有机衔接、创新效率大幅提高。

二是塑造大中小微科技企业协同高效的创新格局。着力提升企业自主创新能力,全面建设创新型企业。科技型骨干企业要发挥引领支撑作用,加快建设世界一流企业。推动大企业积极开放供应链,以大企业为龙头,结合中小微企业的创新灵活性,形成协同、高效、融合、顺畅的创新生态。培育企业创新平台和基地,整合集聚优势资源,促进产业链上中下游企业合作对接。为中小企业发展营造良好环境,加大对中小企业的支持力度,激发更多聚焦主业、精耕细作的专精特新中小企业涌现。

三是推动创新链、产业链、资金链、人才链深度融合。强化企业创新资源要素集聚能力,促进各类创新要素向企业集聚,发挥市场在资源配置中的决定性作用,推动创新资源在全行业流动,营造充分释放企业创新活力的良好环境。

◀ 在全球 153 座智能制造最高水平的"灯塔工厂"中,中国占 62 席。

图片来源:《羊城晚报》李钢、王丹阳

2
11　交通运输科技创新要重点解决哪些关键技术问题？

交通运输科技创新要以国家战略需求为导向，着力解决影响制约行业发展全局和长远利益的重大科技问题。这些关键技术问题主要包括现代重大工程技术研发、重大载运装备技术自主可控、智能高效运输服务技术升级等方面。

一是强化现代重大工程技术研发。突破特殊复杂自然条件下交通基础设施智能建造及健康保障技术难题，研发在役交通基础设施性能提升与扩能改建技术，提升全天候监测、智能化检测、自动化预警、无人化养护、快速化处治等技术与装备，推动基础设施数字化、网联化，实现重点领域交通感知网络全覆盖。

二是推动重大载运装备技术自主可控。重点突破交通装备动力、感知、控制等核心零部件及通信导航设备、应急救援装备等共性关键技术壁垒，攻关高效率、大推力/大功率发动机关键技术，研发高效安全纯电驱动、燃料电池与整车设计、车载智能感知与控制等关键技术及设备。推动时速400公里级高速轮轨客运列车研发，实现3万吨级重载列车、时速250公里级高速轮轨货运列车重大突破，加快大型民用飞机、重型直升机、智能化通用航空器研发，加快关键专用保障装备研发，攻克大深度饱和潜水、航空器适航审定等行业特色关键技术难关。

三是推动智能高效运输服务技术升级。突破出行行为智能感知/监测分析及需求预测、运输服务设施优化布局和重构、运输服务过程透明化及智能监控预警、交通流监控评估和运力调控等技术瓶颈，构建全链条、智能化、一站式出行服务和智能运输系统。加强智慧物流技术研发，推动多制式多栖化智慧物流发展，攻克高载荷轻量化载具设计、低成本管轨设计、物流设施设备智能运营与维护等技术难题。

◀ 时速600公里的高速磁悬浮列车是当前可实现的速度最快的地面交通工具。

图片来源：中车青岛四方机车车辆股份有限公司

半小时读懂
新质生产力

第 3 章

产业创新推动新质生产力

要围绕发展新质生产力布局产业链,推动短板产业补链、优势产业延链、传统产业升链、新兴产业建链,提升产业链供应链韧性和安全水平,保证产业体系自主可控、安全可靠。

?12 新型交通运输产业包括哪些领域?

新型交通运输产业是一个涵盖从交通工具到基础设施，再到服务与技术多个领域的综合性体系。它不仅改变了人们的出行方式，也促进了经济社会的可持续发展。随着技术的进步和市场需求的变化，新型交通运输产业将持续创新，引领未来的交通变革。

新型交通装备制造业涉及高速列车、新能源汽车、自动驾驶车辆、无人机、智能船舶等先进交通工具的研发和制造。

新型交通基础设施建设包括智能高速公路、智能高速铁路、智能城市轨道交通、智能机场和港口，以及用于无人驾驶车辆的智能道路系统。新型交通基础设施的建设通常伴随着物联网、大数据、云计算等信息技术的集成应用，以提升设施的智能化和安全性。

新型交通运输业包括智能公交、共享出行服务、无人机快递、智能物流等。这些服务利用最新的通信技术和自动化技术，为乘客和货物提供更加高效、便捷、个性化的运输解决方案。例如，无人驾驶出租车和货车的试点运行，以及智能调度系统的应用。

新型交通关联业涉及智能交通系统、交通信息平台、交通物流金融服务、交通咨询等，是生产性服务业的重要组成部分。这一领域侧重提供与交通相关的增值服务，如交通数据分析、路线优化、交通法规咨询、金融保险服务等，为交通运输行业发展提供全方位的支持。

◀ "津港轮 36"是全球首艘具备自主伴航功能的高度智能化拖轮。
图片来源：中国船级社

无人车不是简单的交通工具,而是新型的劳动力。

13 如何打造新型交通运输装备制造业?

第3章 产业创新推动新质生产力

"我们要顺应第四次工业革命发展趋势，共同把握数字化、网络化、智能化发展机遇，共同探索新技术、新业态、新模式，探寻新的增长动能和发展路径，建设数字丝绸之路、创新丝绸之路。"[①]

"当今世界正在经历新一轮科技革命和产业变革，数字经济、人工智能等新技术、新业态已成为实现经济社会发展的强大技术支撑。要大力发展智慧交通和智慧物流，推动大数据、互联网、人工智能、区块链等新技术与交通行业深度融合，使人享其行、物畅其流。"[②]

上述重要论述是习近平对新一代技术革命和产业变革发展态势的准确把握，指明了当前推进交通运输高质量发展新动能的培育方向和发展路径。

交通运输的创新驱动，要以智慧交通为主攻方向。通过推动大数据、互联网、人工智能、区块链等新技术与交通行业深度融合，加快推进交通运输数字化智能化改造，促进运输结构优化调整，提高运输效率、降低物流成本，使群众出行更便捷，货物运输更高效。重点包括互联网道路货运、供应链服务、冷链快递、即时直递、无人机（车）物流递送、城市地下物流配送、低空经济等新业态、新模式发展。

[①] 习近平：《齐心开创共建"一带一路"美好未来——在第二届"一带一路"国际合作高峰论坛开幕式上的主旨演讲》，《人民日报》2019年4月27日第3版。
[②] 习近平：《与世界相交　与时代相通　在可持续发展道路上阔步前行——在第二届联合国全球可持续交通大会开幕式上的主旨讲话》，《人民日报》2021年10月15日第2版。

在国际市场中,"深圳造"无人机展现出强大竞争力。

2

14 如何抓住低空经济发展机遇?

代表新质生产力的无人驾驶技术和低空智联技术与低空空域和低空市场等相关要素相互作用，从而进一步带动低空基础设施建设、低空飞行器生产制造及低空运营服务和飞行保障等领域发展，以形成低空经济这一综合性经济形态。

一是低空经济对低空制造不断提出技术革命性突破的要求。据金融机构摩根士丹利预计，到2040年，作为低空经济重要发展模式的城市空中交通（Urban Air Mobility，简称UAM）市场规模可达万亿美元，将成为中国乃至全球的新的经济增长极。这一趋势也促使了低空飞行器制造从直升机、固定翼飞行器向载人电动垂直起降飞行器（electric Vertical Take-off and Landing，简称eVTOL）不断进行产品更新，由此推进低空产业不断迭代升级。这也是新质生产力不断跃升的过程。

二是低空经济对生产要素提出创新性配置要求。新质生产力发展以全要素生产率的大幅提升为核心标志。低空经济从低空空域数字化到场景应用的经济化，充分实现了对全要素生产率增长的作用机制，不仅表现为将技术和数据作为新型生产要素对全要素生产率提升的直接贡献，也表现为技术和数据对传统生产要素赋能和对全要素生产率提升的间接贡献，从而实现生产要素创新性配置对新质生产力的促进效应。

三是低空经济发展进程是一次产业深度转型升级。构建新发展格局是推动高质量发展的战略基点，要把扩大内需战略同深化供给侧结构性改革有机结合起来。从需求牵引供给来看，低空出行不仅反映了新时代人民对美好生活的需要，也是区域融合协同发展和企业转型升级的需要；从供给创造需求来看，低空飞行（通航）是通过供给能力提升创造更丰富的需求场景，从而实现在更高水平上总供给和总需求的动态平衡，形成产业深度转型升级，以促进新质生产力的发展。

无人配送将颠覆传统的"最后一公里"配送模式。
图片来源:新华社 吴刚

?15 如何建设智慧运输服务体系?

习近平强调,"要把满足人民对美好生活的向往作为数字政府建设的出发点和落脚点,打造泛在可及、智慧便捷、公平普惠的数字化服务体系,让百姓少跑腿、数据多跑路。"[1]

交通运输作为人民群众获得感最强的领域之一,始终聚焦人民对美好生活的需要。通过利用新一代信息技术,快速发展"互联网+交通"等新模式,依靠运输服务多样化、品质化、均等化水平的大幅提升,促使运输服务正从"走得了"向"走得好"转变。"十四五"时期,交通运输行业将以"全国123出行交通圈""全球123快货物流圈"为目标引领,着力建设一体衔接的数字出行网络,构建多式联运的智慧物流网络,打造智慧运输服务体系,提升运输服务的效率和品质,让广大人民群众享有更便捷的交通运输,获得更加公平、更有效率的交通服务,不断增强人民群众的获得感、幸福感、安全感。

---

[1]《习近平主持召开中央全面深化改革委员会第二十五次会议强调:加强数字政府建设 推进省以下财政体制改革》,《人民日报》2022年4月20日第1版。

通过海空联运，商品从我国福建省平潭港区运送至欧美不超过 24 小时。

16 如何提升多式联运发展水平？

多式联运对推动物流业降本增效、推进交通运输绿色低碳发展、完善现代综合交通运输体系具有积极意义。习近平指出，"要加强基础设施'硬联通'、制度规则'软联通'，促进陆、海、天、网'四位一体'互联互通。"①

加快多式联运发展，就是要加快不同运输方式之间的衔接协调，通过设施无缝化、装备标准化、流程一体化、信息交互化的"门到门""一站式"服务，有效提升物流整体运行效率。我国已先后创建了4批共116个多式联运示范工程，在多式联运枢纽建设、装备研发、运输组织、信息共享等方面积累了丰富的经验，多式联运经营主体更加多元，市场规模持续扩大。

提升多式联运发展水平，要提升交通基础设施承载能力和衔接水平，进一步完善多式联运骨干通道，提高交通基础设施一体化布局和建设水平，加快建设国家综合立体交通网主骨架，为多式联运发展提供基础设施保障。加快综合货运枢纽多式联运换装设施与集疏运体系建设，统筹转运、口岸、保税、邮政快递等功能，提升多式联运效率与物流综合服务水平。推进多式联运型物流园区、铁路专用线建设，形成以铁路、水运为主的大宗货物和集装箱中长距离运输格局。

创新多式联运运营组织模式，在符合条件的港口试点推进"船边直提"和"抵港直装"模式，在特大和超大城市创新"外集内配"等生产生活物资公铁联运模式，丰富多式联运产品。创新多式联运技术装备，推动建立跨区域、跨运输方式的集装箱循环共用系统，积极推动标准化托盘在集装箱运输和多式联运中的应用，进一步扩大双层集装箱列车开行范围，研究推行双高箱运输，加快内陆通用集装箱推广应用。

---

① 习近平：《与世界相交　与时代相通　在可持续发展道路上阔步前行——在第二届联合国全球可持续交通大会开幕式上的主旨讲话》，《人民日报》2021年10月15日第2版。

湖北省潘家湾智慧收费站实现收费现场全车道无人值守。
图片来源：中交投资（湖北）运营管理有限公司

17 交通基础设施如何数字化转型？

在新发展阶段，推动公路水路基础设施数字化转型升级，能够充分发挥数字技术的放大、叠加、倍增作用，有效提升交通基础设施长期供给质量和效率，对加快建设交通强国、推动交通运输高质量发展、支撑打造具有国际竞争力数字产业集群等具有重要作用和意义。2024 年 5 月印发的《财政部 交通运输部关于支持引导公路水路交通基础设施数字化转型升级的通知》（财建〔2024〕96 号，以下简称"96 号文"）作为交通设施数字化转型的重要政策，为推进公路水路交通基础设施数字转型、智能升级、融合创新，以及加快发展新质生产力提供指引。

通过聚焦国家综合立体交通网"6 轴 7 廊 8 通道"主骨架以及国家区域重大战略范围内的国家公路和国家高等级航道，以在役基础设施为重点，聚焦解决繁忙路段和重要航段存在的效率、安全、服务等方面问题，改变传统基建模式，以较少资源和资金消耗，实现交通基础设施数字化改造、智能化响应和智慧化支撑的新模式新形态，促进交通基础设施承载能力、安全和服务水平的有效提升。

"96 号文"针对数字化转型提出了未来发展目标。自 2024 年起，通过 3 年左右时间，支持 30 个左右的示范区域，打造一批线网一体化的示范通道及网络，力争推动 85% 左右的繁忙国家高速公路、25% 左右的繁忙普通国道和 70% 左右的重要国家高等级航道实现数字化转型升级。围绕公共服务升级，推动基础设施智慧扩容，加快关键节点智慧通行服务、干线通道主动管控和一张网服务新模式等的应用，力争实现通行效率提升 20% 左右；围绕行业管理提升，推动基础设施安全增效，推进实施数字化管养系统、运行监测预警平台、数字治超及大件运输全链条监管系统、应急指挥调度系统等建设，力争实现突发事件应急响应效率提升 30% 左右。

18 如何推动"数据要素×交通运输"落地？

2023 年，国家数据局等部门印发《"数据要素 ×"三年行动计划（2024—2026 年）》（国数政策〔2023〕11 号）中提到的"数据要素 × 交通运输"行动包括：

提升多式联运效能，推进货运寄递数据、运单数据、结算数据、保险数据、货运跟踪数据等共享互认，实现托运人一次委托、费用一次结算、货物一次保险、多式联运经营人全程负责。推进航运贸易便利化，推动航运贸易数据与电子发票核验、经营主体身份核验、报关报检状态数据等的可信融合应用，加快推广电子提单、信用证、电子放货等业务应用。提升航运服务能力，支持海洋地理空间、卫星遥感、定位导航、气象等数据与船舶航行位置、水域、航速、装卸作业数据融合，创新商渔船防碰撞、航运路线规划、港口智慧安检等应用。挖掘数据复用价值，融合"两客一危"、网络货运等重点车辆数据，构建覆盖车辆营运行为、事故统计等高质量动态数据集，为差异化信贷、保险服务、二手车消费等提供数据支撑。支持交通运输龙头企业推进高质量数据集建设和复用，加强人工智能工具应用，助力企业提升运输效率。推进智能网联汽车创新发展，支持自动驾驶汽车在特定区域、特定时段进行商业化试运营试点，打通车企、第三方平台、运输企业等主体间的数据壁垒，促进道路基础设施数据、交通流量数据、驾驶行为数据等多源数据融合应用，提高智能汽车创新服务、主动安全防控等水平。

◀ 高速公路智能缴费机器人借助边缘计算、云计算、AI 等技术，实现收费过程无人化、收费业务智能化。

图片来源：中交投资（湖北）运营管理有限公司

?
19 如何抓住交能融合发展新机遇？

交通运输和能源行业同是国家战略性、基础性产业。推动交通运输和能源深度融合发展，是两大行业发展方式的重大革命。在当前国家深入实施"双碳"目标，加快建设交通强国的大背景下，推动交通基础设施沿线能源开发利用，创新商业模式，探索新的经济增长点，是新形势下深入挖掘路域开发经济潜力，激发交通产业新动能的重要举措，同时也是保障国家能源安全，助力建设交通强国、美丽中国，积极稳妥推进"双碳目标实现"的必然要求。

2021年印发的《中共中央 国务院关于完整准确全面贯彻新发展理念做好碳达峰碳中和工作的意见》明确提出，要加快推进低碳交通运输体系建设，积极发展非化石能源，要求"坚持集中式与分布式并举，优先推动风能、太阳能就地就近开发利用"。深入推进交能融合发展，因地制宜依托交通基础设施开发风电、光电等可再生能源，加快运输装备新能源与清洁能源替代，对于推动交通运输和能源行业低碳转型升级，助力交通运输行业由能源"消费者"向"产销者"转变，支撑国家"双碳"目标实现具有十分重要的意义。

2021年，中共中央、国务院印发的《国家综合立体交通网规划纲要》强调"推进交通基础设施与能源设施统筹布局规划建设，强化交通与能源基础设施共建共享""促进交通基础设施网与智能电网融合，适应新能源发展要求"。深入挖掘交能融合发展蕴含的减污降碳综合效益，是可持续发展愿景下交通运输发展的新方向，对于推动交通产业经济发展，加快建设交通强国，高质量构建现代化综合立体交通体系意义重大。

◀ 山东省枣菏高速公路交能融合示范工程并网发电。

上海市打造"智慧全出行链"自动驾驶汽车开放测试区。

奉贤区自动驾驶汽车开放测试区
Fengxian District automatic driving vehicle open test zone

?

20 如何加快推广新能源和清洁能源运输装备？

习近平指出,"当前随着新一轮科技革命和产业变革孕育兴起,新能源汽车产业正进入加速发展的新阶段,不仅为各国经济增长注入强劲新动能,也有助于减少温室气体排放,应对气候变化挑战,改善全球生态环境。中国坚持走绿色、低碳、可持续发展道路,愿同国际社会一道,加速推进新能源汽车科技创新和相关产业发展,为建设清洁美丽世界、推动构建人类命运共同体作出更大贡献。"[1]

新能源和清洁能源运输装备的生命周期碳排放与单位行驶里程碳排放均低于传统燃油装备,具有良好的减排能力。加快推广应用新能源车船等低碳运输装备,是推动交通运输绿色低碳发展的根本举措,需要加快技术研发和分场景适配应用。

目前,我国新能源汽车数量约占全球总量的一半,国家铁路电气化率达到75.4%,飞机辅助动力装置(Auxiliary Power Unit,简称APU)替代设施全面使用。全国90%的主要港口作业船舶、公务船舶靠泊使用岸电。接下来,节能低碳型交通工具推广应用要持续加快,交通运输装备用能结构要继续优化。大力推广新能源汽车,逐步降低传统燃油汽车在新车产销和汽车保有量中的占比,加大新能源和清洁能源车辆在城市公交、出租汽车、物流配送、邮政快递、机场、铁路货场、重点港口等领域应用,推进中重型货运车辆、运输船舶新能源清洁能源替代。实施铁路减污降碳工程,推进铁路系统电气化改造。加快老旧船舶更新改造,发展电动、液化天然气动力船舶,深入推进船舶靠港使用岸电,因地制宜开展沿海、内河绿色智能船舶示范应用。提升机场运行电动化智能化水平,发展新能源航空器。

---

[1] 《习近平向2019世界新能源汽车大会致贺信》,《人民日报》2019年7月3日第1版。

半小时读懂
新质生产力

第 4 章

体制机制创新推动新质生产力

要深化经济体制、科技体制等改革,着力打通束缚新质生产力发展的堵点卡点,建立高标准市场体系,创新生产要素配置方式,让各类先进优质生产要素向发展新质生产力顺畅流动。

"中远海运绿水01"轮是全球首制江海直达纯电动力集装箱船。
图片来源:中国远洋海运集团有限公司

21 如何推动绿色交通发展?

"绿色发展是高质量发展的底色，新质生产力本身就是绿色生产力。必须加快发展方式绿色转型，助力碳达峰碳中和。牢固树立和践行绿水青山就是金山银山的理念，坚定不移走生态优先、绿色发展之路。加快绿色科技创新和先进绿色技术推广应用，做强绿色制造业，发展绿色服务业，壮大绿色能源产业，发展绿色低碳产业和供应链，构建绿色低碳循环经济体系。持续优化支持绿色低碳发展的经济政策工具箱，发挥绿色金融的牵引作用，打造高效生态绿色产业集群。"[1]

引入绿色低碳建设理念和思路，坚持以控制交通资源占用、减少能源消耗、降低污染排放、保护生态环境、拓展交通运输功能、提升交通服务水平为具体抓手，坚定不移走生态优先、绿色低碳的高质量发展道路。深入推进多式联运网络体系建设和组织模式创新，优化调整交通运输结构，提升交通运输标准化专业化水平，全面加快交通运输发展方式绿色转型，推动形成交通运输发展与生态文明建设相互促进的良好局面。

---

[1] 《习近平在中共中央政治局第十一次集体学习时强调：加快发展新质生产力　扎实推进高质量发展》，《人民日报》2024年2月2日第1版。

上海市洋山港采用自主研发的全自动化码头智能生产管理控制系统。
图片来源：中国交通建设集团有限公司

❓ 22 如何推动智慧交通发展？

智慧交通是人工智能、物联网、大数据等新一代信息技术与交通运输深度融合的新业态，是推动交通运输质量变革、效率变革、动力变革的重要途径。习近平总书记高度重视智慧交通发展，多次作出重要指示，强调"要大力发展智慧交通和智慧物流，推动大数据、互联网、人工智能、区块链等新技术与交通行业深度融合，使人享其行、物畅其流"；要求"探索在信息基础设施、智慧交通、能源电力等领域的推广应用，提升城市管理的智能化、精准化水平"；明确"努力打造世界一流的智慧港口、绿色港口"，为智慧交通发展指明了前进方向、提供了根本遵循。[①]

　　智慧交通已成为交通运输行业创新实践最为活跃的领域，也是新型基础设施建设的重要领域和数字经济的重要组成部分。面对新形势新要求，必须完整、准确、全面贯彻新发展理念，深入推动交通数字化转型，以智慧交通创新发展推动交通运输高质量发展，为全面建设社会主义现代化国家当好先行官。

　　智慧交通新技术正改变着交通运输体系，形成交通新质生产力，建成全社会物品流动和人员流动全新的、高质量的主板，这既是交通生产力的又一次跃迁，也将引领、引导和推进全社会生产力的大跃迁。大力推动、高效发展交通新质生产力，是形成新时代我国国际竞争力的必然选择，是彰显中国式现代化道路独特优势和特色的必然选择。

---

① 李小鹏. 大力发展智慧交通　加快建设交通强国　为当好中国式现代化的开路先锋注入新动能[J]. 中国网信，2023（8）：20–23.

边坡智能监控路联网系统为边坡安全评估提供数据支持。
图片来源：招商局重庆交通科研设计院有限公司

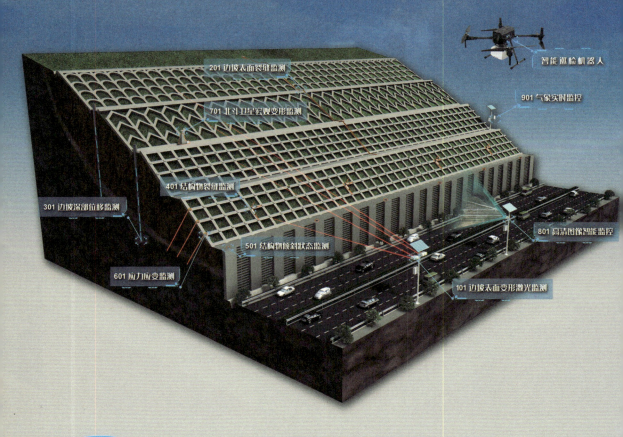

23 如何建立适应新质生产力的交通运输行业现代化治理能力？

发展新质生产力，必须进一步全面深化改革，形成与之相适应的新型生产关系。"要深化经济体制、科技体制等改革，着力打通束缚新质生产力发展的堵点卡点，建立高标准市场体系，创新生产要素配置方式，让各类先进优质生产要素向发展新质生产力顺畅流动。同时，要扩大高水平对外开放，为发展新质生产力营造良好国际环境。"[1] "要把数字技术广泛应用于政府管理服务，推动政府数字化、智能化运行。"[2]

我国是世界上最大的发展中国家，交通运输体量庞大、情况复杂且处于快速发展当中，交通治理难度大。要立足我国国情，借鉴国际经验，大力推进交通运输治理现代化，通过改革创新释放技术和市场活力、提升治理效能，促进交通运输高质量发展。要立足新发展阶段，把数字技术广泛应用于交通运输治理中，大力推动交通运输治理智能化发展，着力提高决策支持、安全应急、指挥调度、监管执法、政务服务等领域的大数据运用水平，实现精确分析、精准管控、精细管理和精心服务。要采用数据化、全景式展现方式，提升综合交通运输运行监测预警、舆情监测、安全风险分析研判、调度指挥、节能环保在线监测等支撑能力。

---

[1] 《习近平在中共中央政治局第十一次集体学习时强调：加快发展新质生产力 扎实推进高质量发展》，《人民日报》2024年2月2日第1版。
[2] 《习近平主持召开中央全面深化改革委员会第二十五次会议强调：加强数字政府建设 推进省以下财政体制改革》，《人民日报》2022年4月20日第1版。

浙江省交通运输领域实现所有事项100%"最多跑一次"。
图片来源：台州市交通运输局

24 如何加强保护各类交通运输市场主体？

经济发展的根基在于市场主体，经济发展的动力也在于市场主体。习近平指出，"市场主体是经济的力量载体，保市场主体就是保社会生产力。留得青山在，不怕没柴烧。要千方百计把市场主体保护好，为经济发展积蓄基本力量。"[①] 只要市场主体保持活力，就拥有了经济发展源源不断的动力，因此要多措并举持续激发市场主体活力。

平等对待各类市场主体。完善支持交通运输领域民营企业、中小企业发展的政策制度，在要素获取、准入许可、经营运行、政府采购和招标投标等方面平等对待各类所有制企业。打通交通运输领域民营企业融资堵点，鼓励金融机构增加对民营企业、小微企业信贷投放。充分发挥行业协会、商会作用，强化行业和企业自律。建立规范化、机制化政企沟通渠道，保持交通运输涉企政策连续性、稳定性。

减税降费，促进企业成本的降低。习近平指出，"抓好供给侧结构性改革降成本行动各项工作，推进增值税等实质性减税，对小微企业、科技型初创企业可以实施普惠性税收免除，根据实际情况降低社保缴费名义费率，清理、精简行政审批事项和涉企收费。""加强政策协调性，制定相关配套举措，推动各项政策落地落细落实，让民营企业从政策中增强获得感。"[②] 国家实施减税降费政策，就是要让企业轻装上阵，让市场发展更有活力。交通运输领域推进减税降费工作，要注重建立长效机制，持续提效率、优服务、增动能，扎实推进制度性、结构性、技术性、管理性、服务性降成本工作，助力形成强大国内市场，为推动经济高质量发展提供强有力保障。

---

① 《习近平在企业家座谈会上的讲话》，《人民日报》2020年7月22日第2版。
② 《习近平主持召开民营企业座谈会强调：毫不动摇鼓励支持引导非公有制经济发展　支持民营企业发展并走向更加广阔舞台》，《人民日报》2018年11月2日第1版。

宁波海事局以"诚信+政务服务"为主阵地开展系列宣传活动。
图片来源：宁波海事局

25 如何建立以信用为基础的新型监管机制？

习近平指出，"建立和完善守信联合激励和失信联合惩戒制度，加快推进社会诚信建设，要充分运用信用激励和约束手段，建立跨地区、跨部门、跨领域联合激励与惩戒机制，推动信用信息公开和共享，着力解决当前危害公共利益和公共安全、人民群众反映强烈、对经济社会发展造成重大负面影响的重点领域失信问题，加大对诚实守信主体激励和对严重失信主体惩戒力度，形成褒扬诚信、惩戒失信的制度机制和社会风尚。"[1]

在工程建设领域，围绕交通运输工程项目招标投标、勘察设计等关键环节，建立交通运输企业和从业人员信用评价结果与资质审批、执业资格注册、资质资格取消等审批审核事项的关联管理机制；鼓励运用基本信用信息和第三方信用评价结果，作为投标人资格审查、评标、定标和合同签订的重要依据。在运输服务领域，围绕旅客运输、货物运输等重点方向，将诚信监管纳入运输行政管理日常工作，明确诚信监管职能，提高企业诚信经营、文明服务的自律意识；结合市场准入管理和日常监督检查，建立运输企业、从业人员诚信信息收集和整理制度，通过信息系统自动记录企业、从业人员的各种信用信息。

建立健全交通运输新业态、道路运输、公路养护、危化品运输等领域信用监管规则和标准；探索京津冀、长三角等区域信用监管一体化机制。积极推行交通运输信用承诺制；推进行业综合评价，加强信用风险监测分析；建立健全交通运输严重失信主体名单制度，完善信用修复机制，深入实施信易行、信易贷等工作。

---

[1] 《习近平主持召开中央全面深化改革领导小组第二十三次会议强调：改革既要往增添发展新动力方向前进也要往维护社会公平正义方向前进》，《人民日报》2016 年 4 月 19 日第 1 版。

半小时读懂
新质生产力

第 5 章
人才工作机制创新推动新质生产力

要按照发展新质生产力要求，畅通教育、科技、人才的良性循环，完善人才培养、引进、使用、合理流动的工作机制。

26 发展新质生产力需要什么样的人才?

人才是实现民族振兴、赢得国际竞争主动的战略资源。国家科技创新力的根本源泉在于人，新质生产力的发展离不开人才的支撑，必须围绕新质生产资料创造和使用、新质劳动对象改造，培养一批新质劳动者。

在知识大爆炸阶段，技术迭代越来越快。如果把新质劳动者的培养局限在灌输知识层面，那一定会面临人工智能的重大挑战，因为"人脑"对知识的积累一定比不过"电脑"。因此，新质劳动者培养的重心应该逐步转向对综合素质和创造力的培养，发展学习和探索能力。

不同于传统的以简单重复劳动为主的普通工人，参与新质生产力的劳动者是能够充分利用现代技术、适应现代高端先进设备、具有知识快速迭代能力的新型人才。数智技术能够在较短时间内以更大规模复制劳动行为，执行和完成人类能力（包括体力和脑力）所能甚至所不能完成的任务，由此创造出一种在很多方面高于传统劳动力的新质劳动者。同时，除了掌握先进生产工具的新质劳动者，还有无数组织新质生产力与市场资源的企业家群体，是引领新质生产力发展的重要力量与最终推手。

◀ "女焊神"孙景南凭绝招绝技、带徒传技和创新发明铸就工匠传奇。

图片来源：中车南京浦镇车辆有限公司

中铁第五勘察设计院集团有限公司千吨级架桥机"昆仑号"研发团队"65载薪火相传开了花，1000余项创新结了果"。

27 新质劳动者需要什么样的成长环境？

习近平指出，"要营造良好创新环境，加快形成有利于人才成长的培养机制、有利于人尽其才的使用机制、有利于竞相成长各展其能的激励机制、有利于各类人才脱颖而出的竞争机制，培植好人才成长的沃土，让人才根系更加发达，一茬接一茬茁壮成长。"① 促进新质劳动者成长，必须培植好人才成长的沃土，使新质劳动者不断涌现。

优化新质劳动者成长环境，要根据需要和实际向用人主体授权，行政部门应该下放的权力都要下放，用人单位可以自己决定的事情都应该由用人单位决定，发挥用人主体在人才培养、引进、使用中的积极作用。用人主体要发挥主观能动性，增强服务意识和保障能力，建立有效的自我约束和外部监督机制，确保下放的权限接得住、用得好。要积极为人才松绑，遵循人才成长规律和科研规律，进一步破除"官本位"、行政化的传统思维，赋予科学家更大技术路线决定权、更大经费支配权、更大资源调度权，放手让他们把才华和能量充分释放出来。要深化科研经费管理改革，落实让经费为人的创造性活动服务的理念，改革科研项目管理，让人才静心做学问、搞研究，多出成果、出好成果。

---

① 《习近平在中国科学院第十九次院士大会、中国工程院第十四次院士大会上的讲话》，《人民日报》2018年5月29日第2版。

揭裕文带领团队在世界民航舞台展现了我国运输类飞机专业适航审定能力。

28 如何让新质劳动者勇于创新、乐于创新？

中华民族是守正创新的民族，有着守正创新的传统。习近平指出，"无论时代如何发展，我们都要激发守正创新、奋勇向前的民族智慧。勇于创新者进，善于创造者胜。"① 激发新质劳动者创新活力、创造动力，必须深化科技体制改革和人才发展体制机制改革，健全能让新质劳动者尽展其才的流动机制和激励机制。

完善的人才流动机制和激励机制是优化人才配置、激发人才活力的基础。发展新质生产力，必须为新质劳动者建立畅通的人才流动渠道，让各行各业人才汇聚于新质生产力领域，要创新人才流动机制，打破户籍、身份、学历、人事关系等制约，促进城乡、区域、行业和不同所有制之间人才协调发展，促进人才和资金的集聚整合、顺畅流动和高效配置，鼓励引导人才向科学前沿、"卡脖子"关键核心技术领域进军。要健全人才激励机制，让机构、人才、市场、资金充分活跃起来，吸引更多优秀专业人才进入新质生产力行业，打造适应产业变革需求的高素质、专业化的人才队伍。要完善新质劳动者收入分配政策和激励机制，落实科研人员职务科技成果转化、现金奖励、股权分红激励政策。要建立以信任为基础的人才使用机制，允许失败、宽容失败，完善科学家本位的科研组织体系，鼓励科技领军人才挂帅出征。

---

① 习近平:《在纪念中国人民志愿军抗美援朝出国作战70周年大会上的讲话》,《人民日报》2020年10月24日第2版。

29 产学研合作育人应该怎么做？

广大科技工作者要根据国家发展急迫需要和长远需求，多出战略性、关键性重大科技成果，不断攻克"卡脖子"关键核心技术，把论文写在祖国大地上，把科技成果应用在实现社会主义现代化的伟大事业中。新质劳动者培育，必须坚持让事业激励人才、让人才成就事业，按照产学研合作模式，积极在社会主义现代化强国建设和民族复兴伟业中培养人才。

加强新质生产力人才支撑，要按照发展新质生产力要求，畅通教育、科技、人才的良性循环，完善人才培养、引进、使用、合理流动的工作机制。新质劳动者具有创新型、复合型、应用型特征，必须创新产学研合作育人模式，调动好高校和企业两者的积极性。高校要深化工程教育改革，加大理工科人才培养分量，优化学科设置和人才培养模式，探索实行高校和企业联合培养高素质复合型工科人才的有效机制。企业要把培养环节前移，同高校一起设计培养目标、制定培养方案、实施培养过程，实行校企"双导师制"，实现产学研深度融合，解决工程技术人才培养与生产实践脱节的突出问题。同时，要注重围绕国家重点领域、重点产业，组织产学研协同攻关，在重大科研任务中培养人才。要高度重视职业教育，大力推进产教融合，健全德技并修、工学结合的育人机制，源源不断为各行各业培养高素质的产业生力军，让职业院校毕业生在职业发展上有广阔空间。

◀ 全国交通运输行业职业技能大赛引领更多青年人走技能报国之路。

图片来源：陕西交通职业技术学院

世界技能大赛被誉为"技能界的奥林匹克"。四川省杨文浩勇夺第44届世界技能大赛银牌,实现中国奖牌"零的突破"。

图片来源:四川交通职业技术学院

30 如何促进交通国际化人才成长?

习近平指出,"参与全球治理需要一大批熟悉党和国家方针政策、了解我国国情、具有全球视野、熟练运用外语、通晓国际规则、精通国际谈判的专业人才。"[①] 交通是经济的脉络和文明的纽带,加快交通运输新质生产力发展,必须加快培养一批站在最前沿、具有创新眼光与引领意识的拔尖创新人才,培养一批能够讲好中国交通故事的国际化人才。

交通运输国际化人才培养,必须走好自主培养之路。要瞄准国家最急需的领域,坚持对外开放,采取多种方式开辟人才走出去培养的新路子,使人才培养渠道多元化,储备更多人才。要大力培养掌握党和国家方针政策、具有全球视野、通晓国际规则、熟练运用外语、精通中外谈判和沟通的国际化人才,有针对性地培养"一带一路"等对外急需的懂外语的各类专业技术和管理人才,有计划地培养选拔优秀人才到国际组织任职。要加快建设中国特色海外国际学校,解决各类驻外机构、海外中资机构工作人员以及赴海外经商、务工人员随居子女在国外接受汉语教育的问题,同时为海外华侨华人子女学习中文、学习中国历史文化提供便利。要探索推动工程师国际互认,提高工程教育质量和工程技术人才职业化、国际化水平,打造中国工程师的世界名片。

---

① 习近平:《加强合作推动全球治理体系变革 共同促进人类和平与发展崇高事业》,《人民日报》2016年9月29日第1版。

参考文献

[1] 于凤霞. 加快形成新质生产力 构筑国家竞争新优势[J]. 新经济导刊，2023，(9-10): 20-28.

[2] 赵永新. 加强科技创新 培育发展新质生产力的新动能：访科技部党组书记、部长阴和俊[N]. 人民日报，2024-03-31(2).

[3] 李晓红. 强化企业科技创新主体地位[N]. 人民日报，2022-12-26(9).

[4] 王大树. 新质生产力：马克思主义生产力理论的最新成果[J]. 经济，2024，(1): 33-35.